MARCEL DUCHAMP

Testo e disegni di | Story and pictures by **Fausto Gilberti**

Era un giorno imprecisato di un mese imprecisato dell'anno 1917
quando il signor Marcel Duchamp acquistò un orinatoio.
Era un orinatoio bianco, di quelli che si trovano nei gabinetti pubblici
e nei quali gli uomini, in piedi, fanno la pipì.

It was an unknown day in an unknown month in 1917
when Mr Marcel Duchamp bought an urinal.
It was a white urinal, just like those you see in public toilets,
the ones that men use to pee standing up.

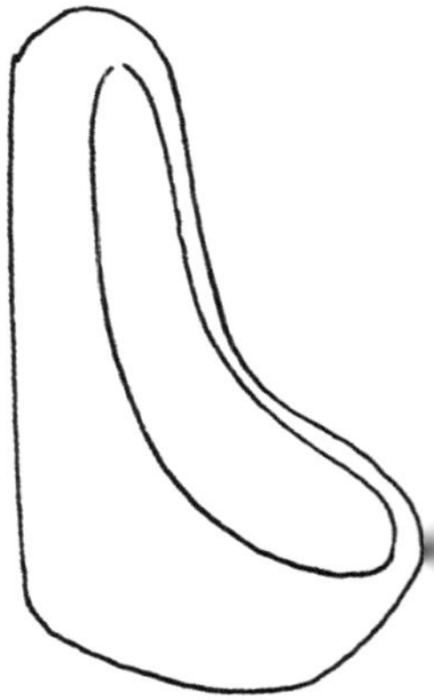

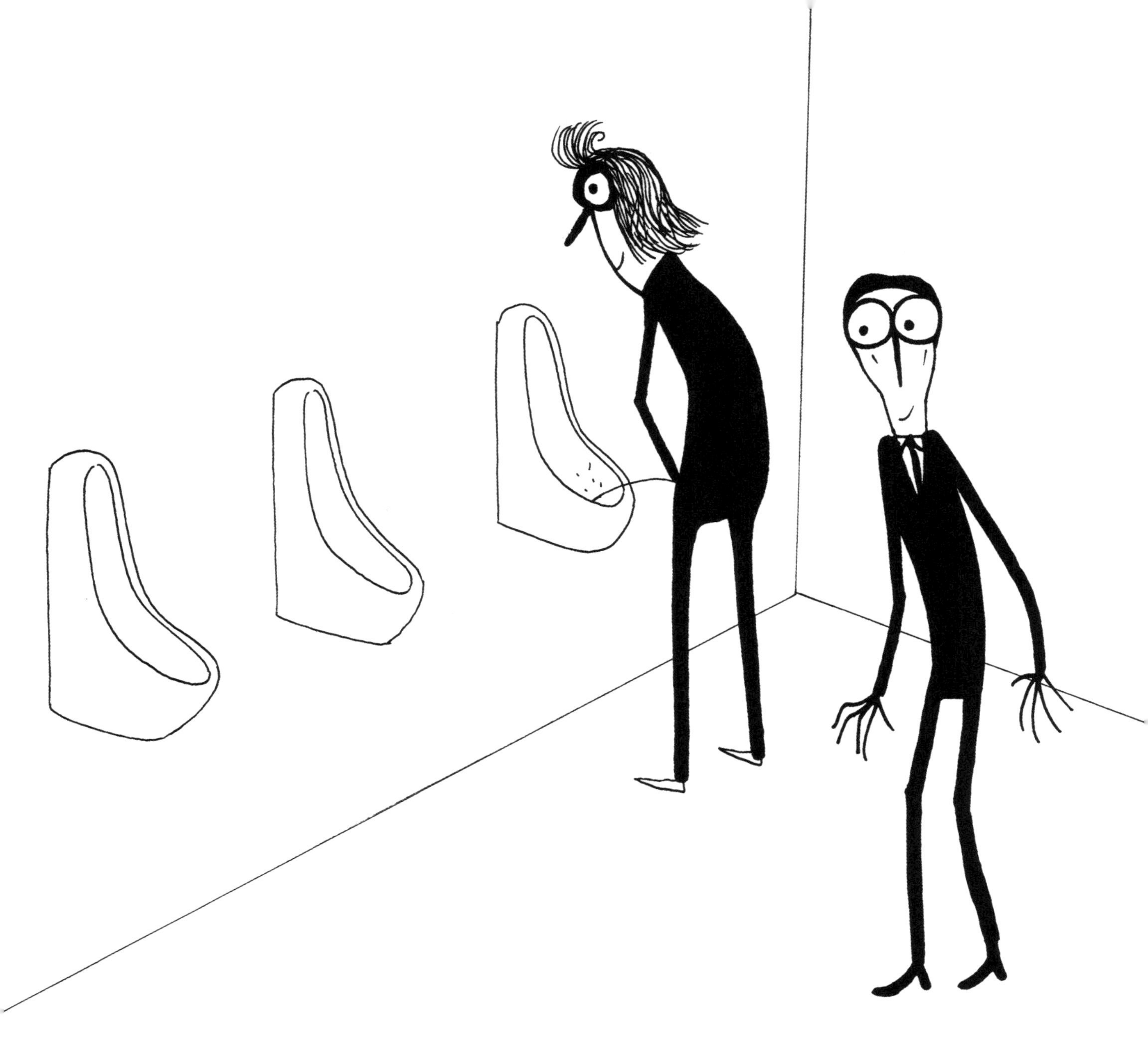

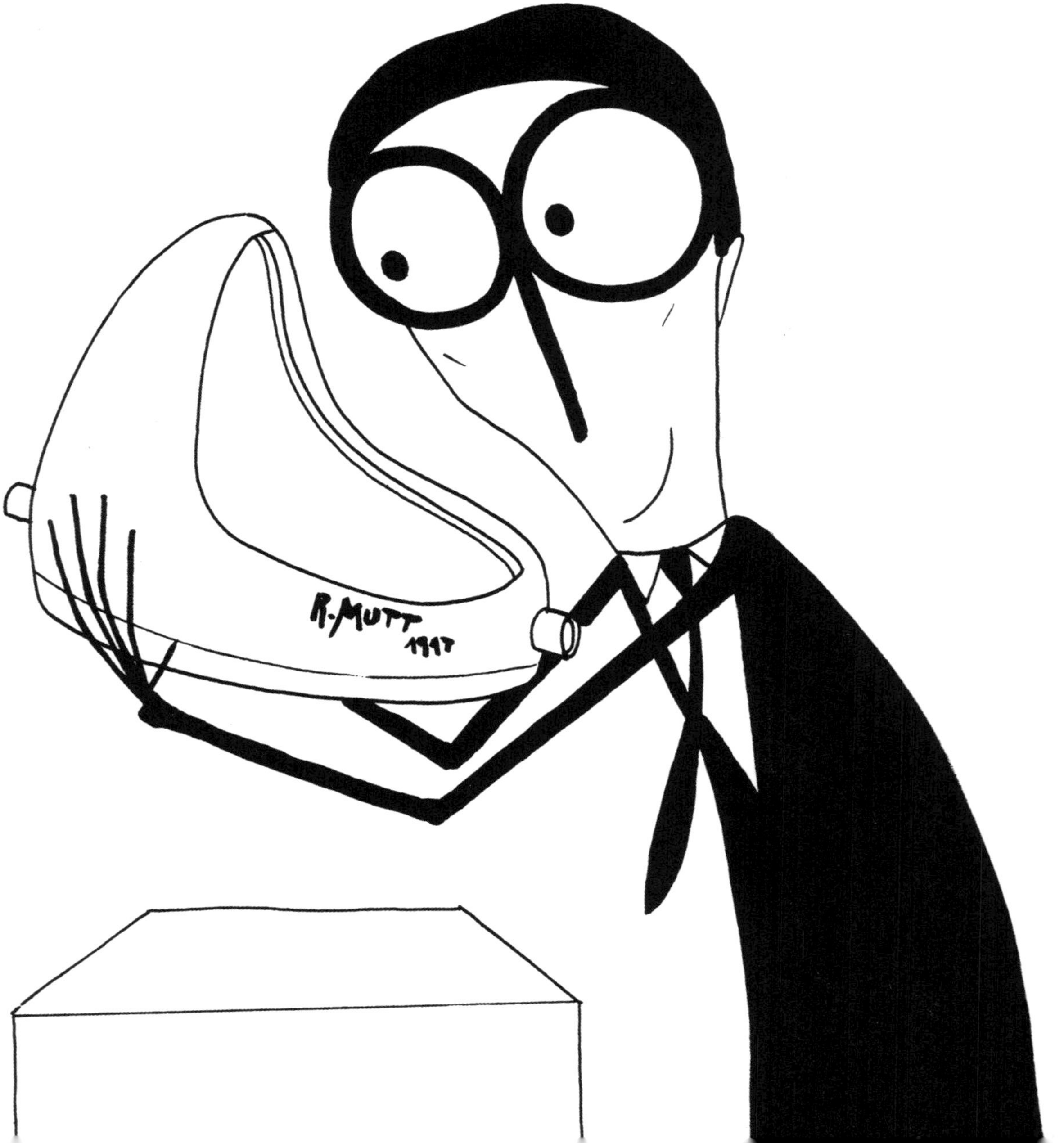
R.MUTT
1917

E fin qui niente di strano.
Se non fosse che il signor Duchamp...
non voleva mettere quell'orinatoio nuovo nel bagno di casa sua.
Il signor Duchamp voleva metterlo in una mostra d'arte!
Come se quell'orinatoio fosse un'opera d'arte: una scultura o un quadro.
Perciò con un pennello lo firmò. Poi gli diede un titolo: *Fontana*.
Infine lo spedì alla giuria di una mostra importante. A New York!

Nothing strange so far.
Except that Mr Duchamp...
didn't want to put that urinal in the bathroom of his house.
Mr Duchamp wanted to put it in an art exhibition!
Just as if that urinal was a work of art: a sculpture or a painting.
So he signed it with a brush. And then he gave it a title: *Fountain*.
He then sent it to the jury of an important exhibition. In New York!

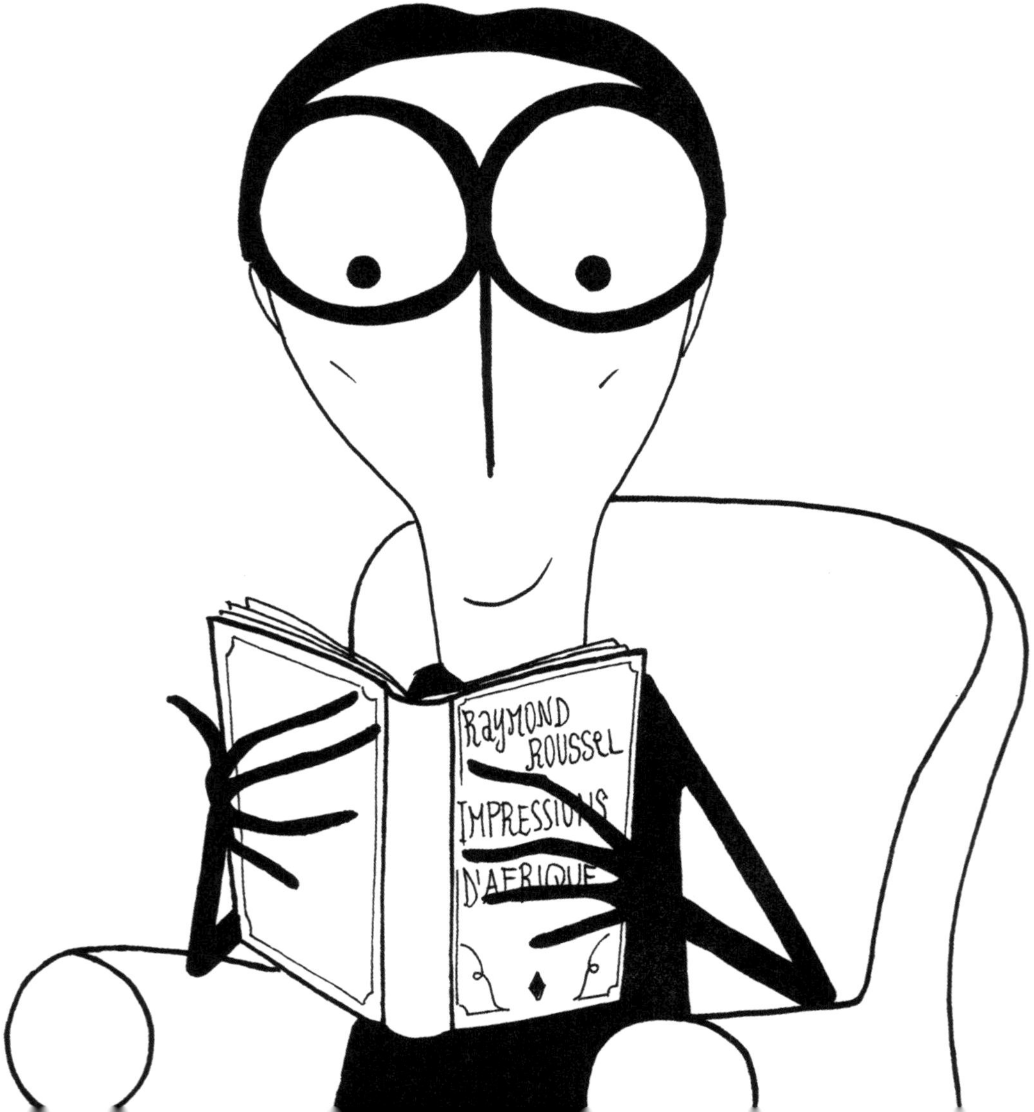
RAYMOND
ROUSSEL

Questa storia è appena iniziata e voi, secondo me, siete già increduli.
E probabilmente vi state anche chiedendo:
"Ma questo signor Duchamp era pazzo?" e
"Come gli era venuto in mente di esporre un orinatoio in una mostra d'arte?"
Beh... vi assicuro che il signor Duchamp non era pazzo.
Lui era molto intelligente, pieno di idee e spiritoso.
Era un artista!
Un artista che faceva le sue opere d'arte divertendosi.

This story has only just begun and I think you're already having doubts.
And you're probably also wondering:
"Was this Mr Duchamp crazy?" and
"How did he come up with the idea of putting an urinal in an art show?"
Well... take it from me, Mr Duchamp wasn't crazy.
He was very intelligent, witty and full of ideas.
He was an artist!
An artist who had fun while he created his art.

Come quando fissò una ruota di bicicletta sopra uno sgabello da cucina
e... si rilassava a farla girare!

Like when he fixed a bicycle wheel to a kitchen stool
and relaxed... by making it spin!

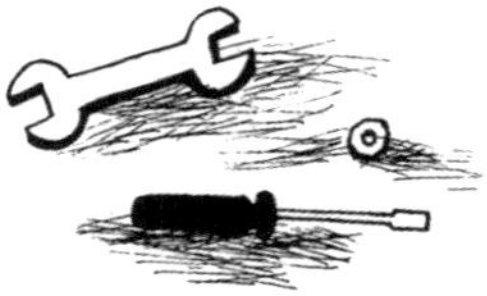

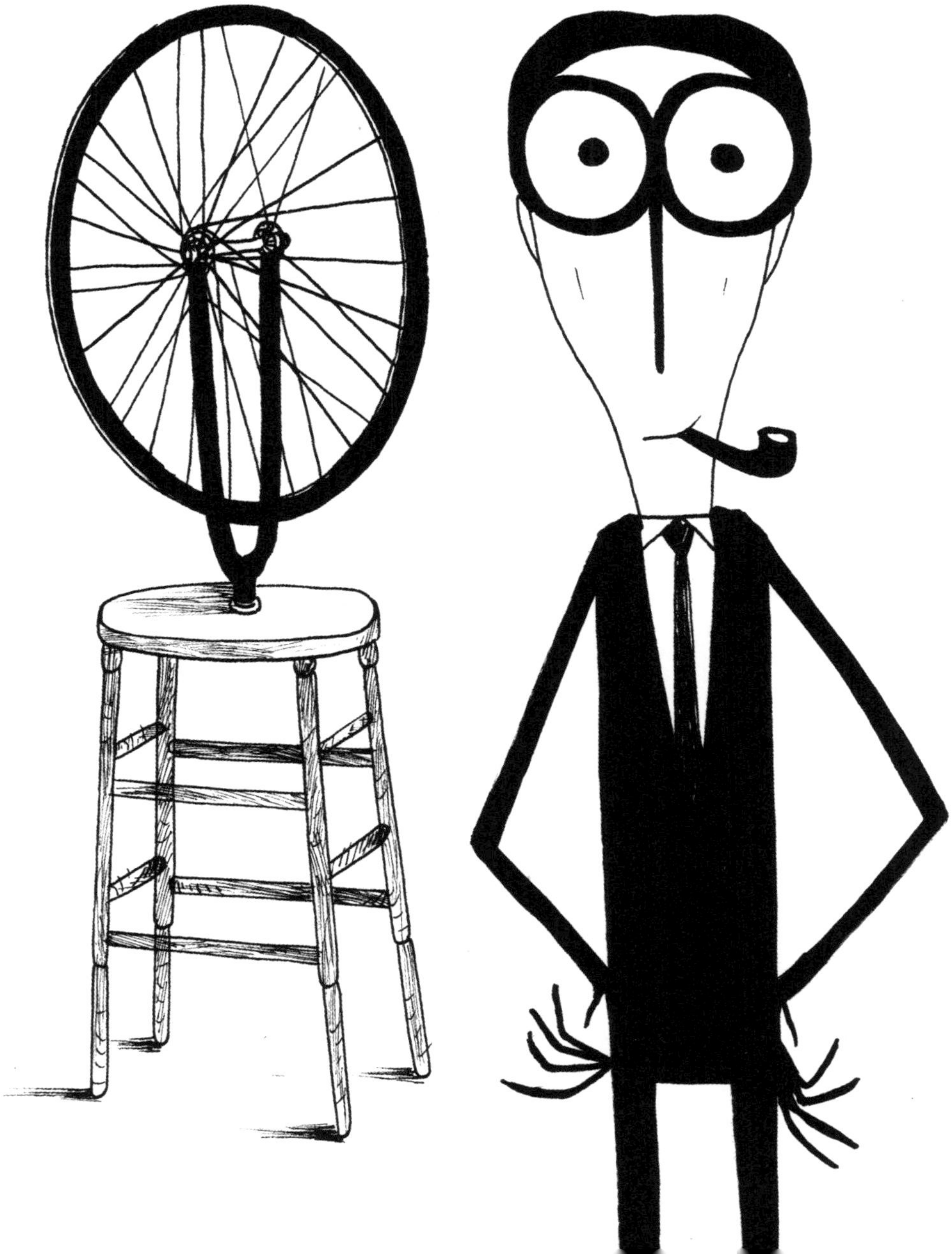

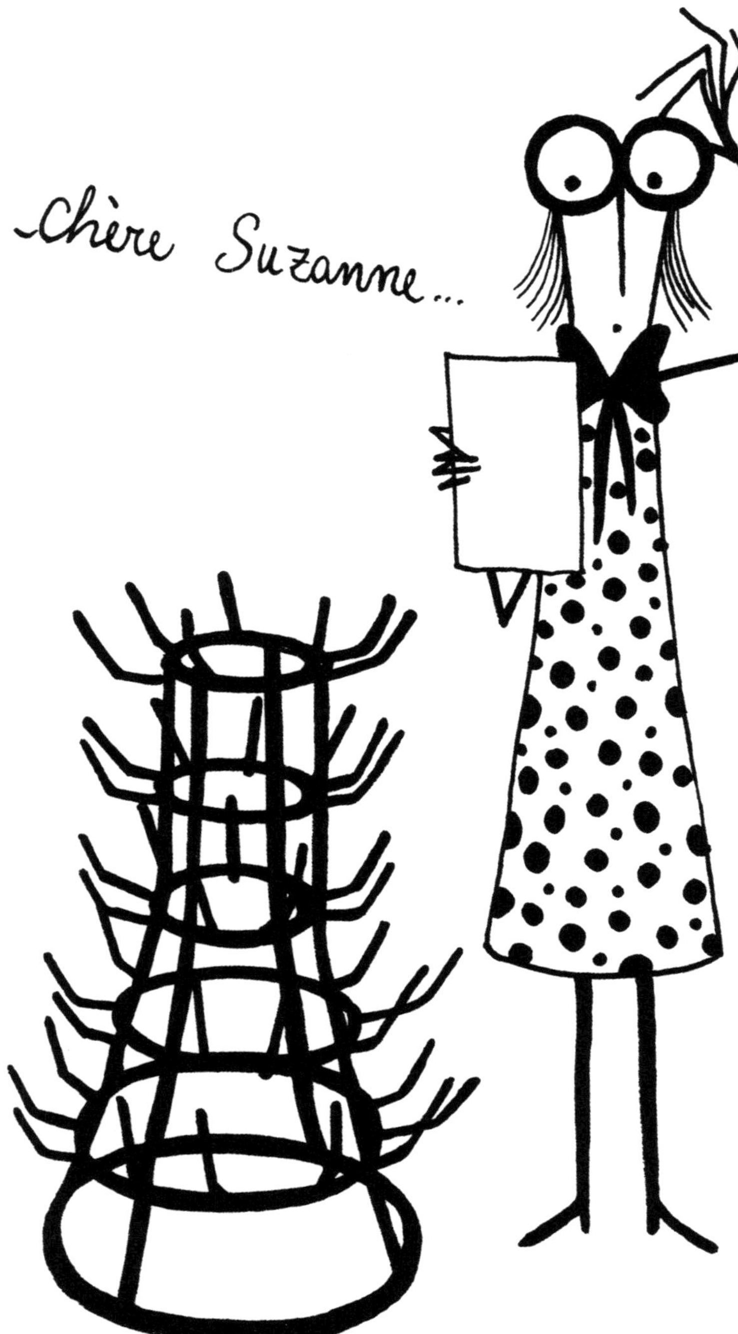
Chère Suzanne…

Come quando chiese a sua sorella Suzanne di firmare a nome suo uno scolabottiglie in ferro. Che pigro il signor Duchamp!

Like when he asked his sister Suzanne to sign his signature on an iron bottle rack. How lazy of Mr Duchamp!

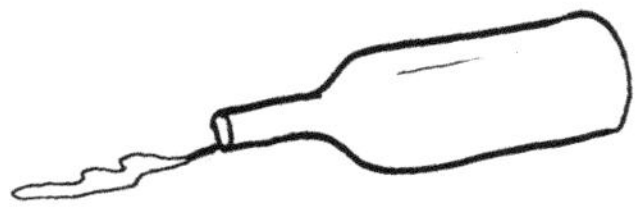

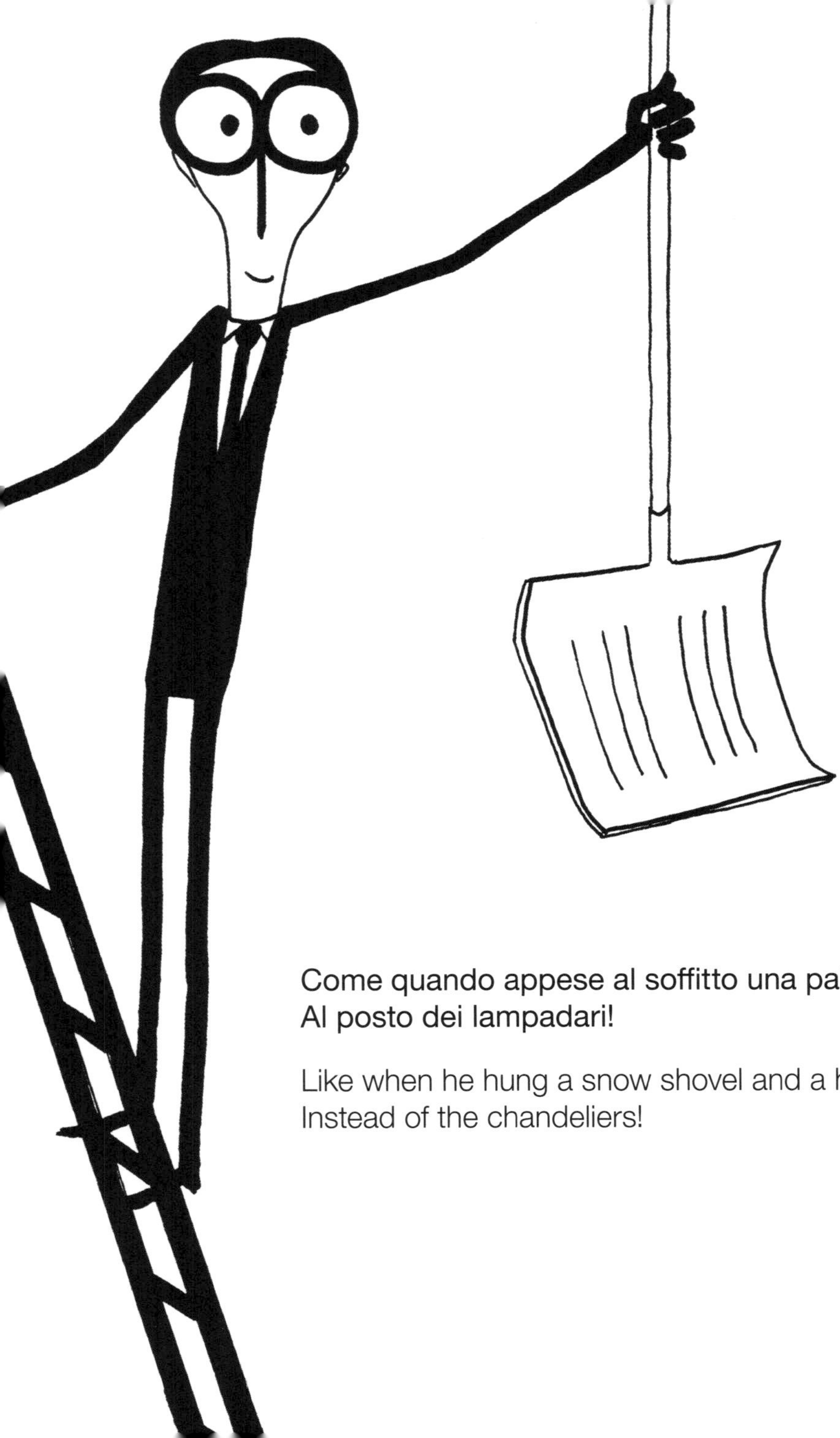

Come quando appese al soffitto una pala da neve e un portacappelli. Al posto dei lampadari!

Like when he hung a snow shovel and a hat rack from the ceiling. Instead of the chandeliers!

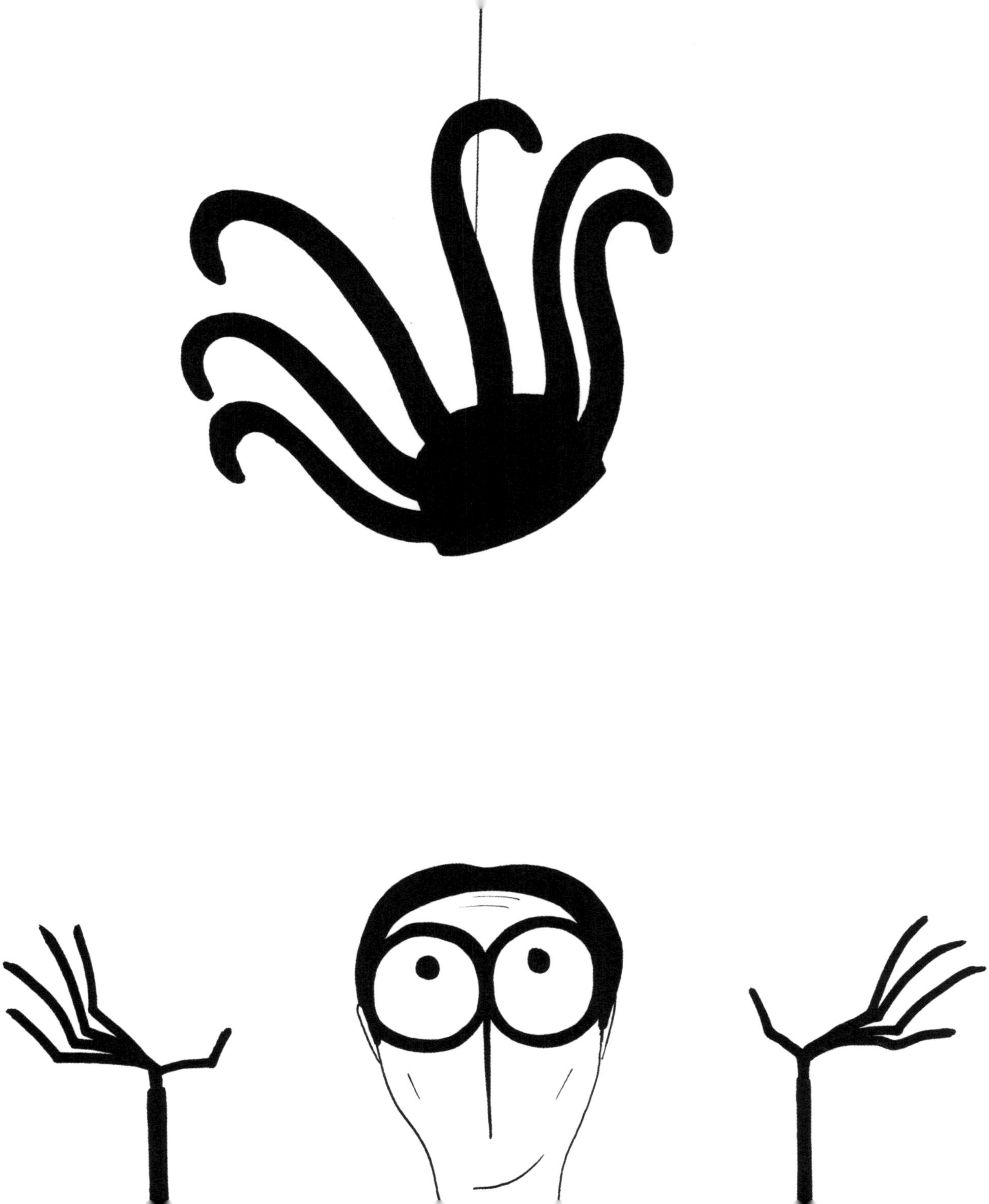

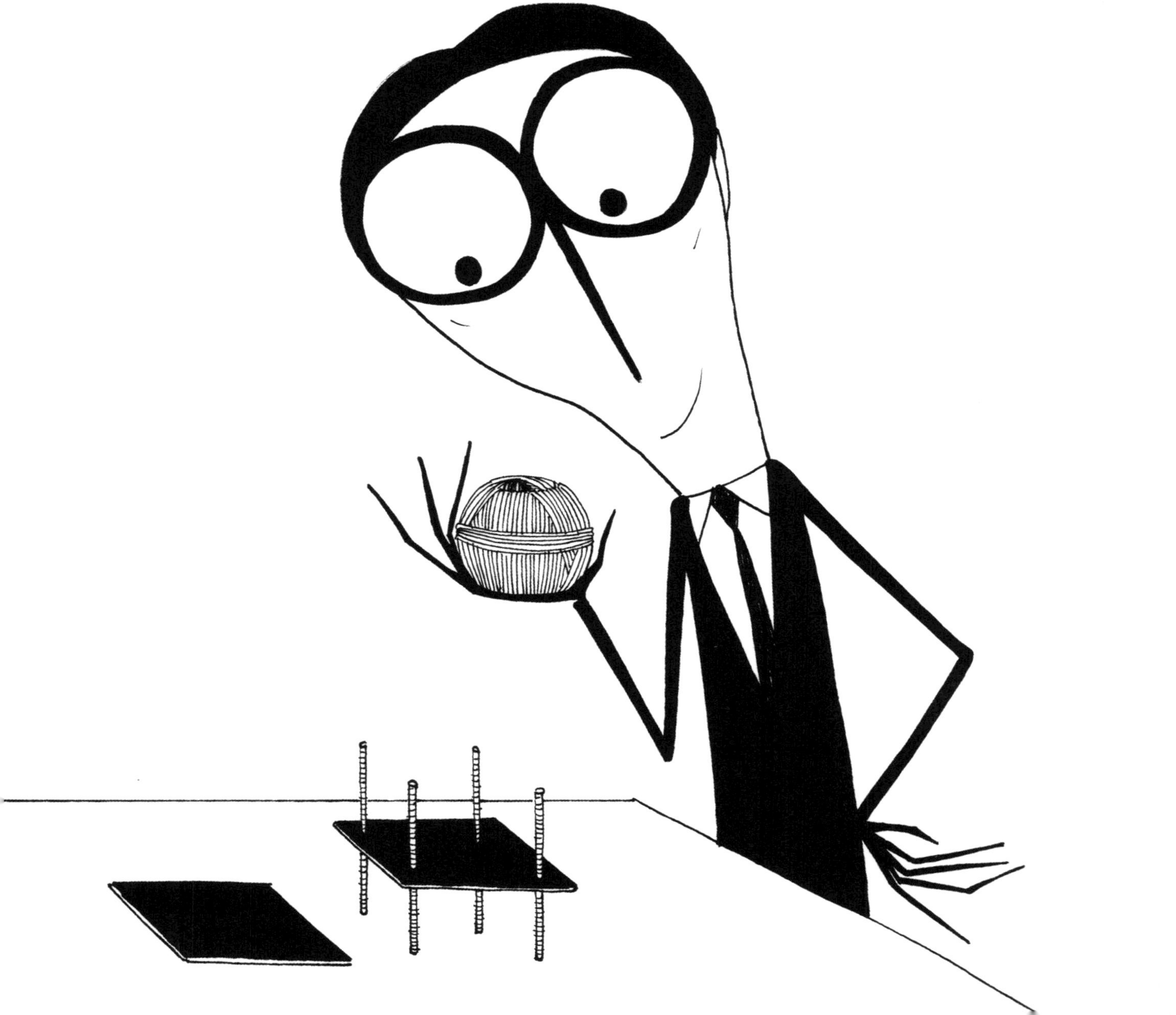

Come quando nascose dentro un gomitolo di spago un piccolo oggetto.
Che muovendosi produceva un rumore segreto!

Like when he hid a small object inside a ball of twine.
It made a secret noise when it was moved!

P.G . ÉCIDES DÉBARRASSÉ
LE . D. SERT . F. URNIS . ENT
AS HOW.V. R COR. ESPONDS

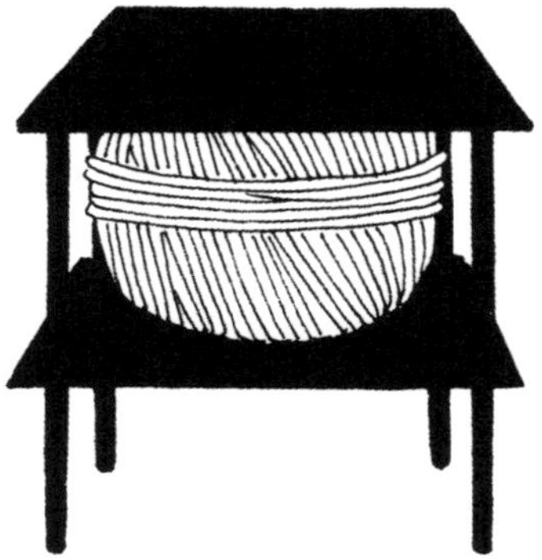

Come quando inchiodò un attaccapanni al pavimento di una galleria d'arte.
Forse per far inciampare i visitatori della sua mostra!

Like when he nailed a coat rack to the floor of an art gallery.
Maybe to trip up those who were visiting his exhibition!

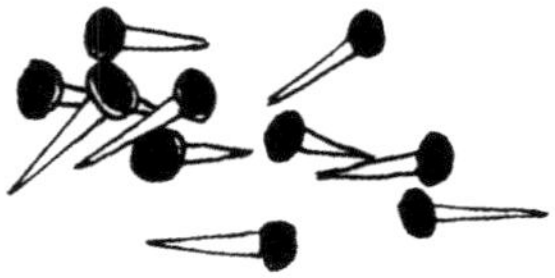

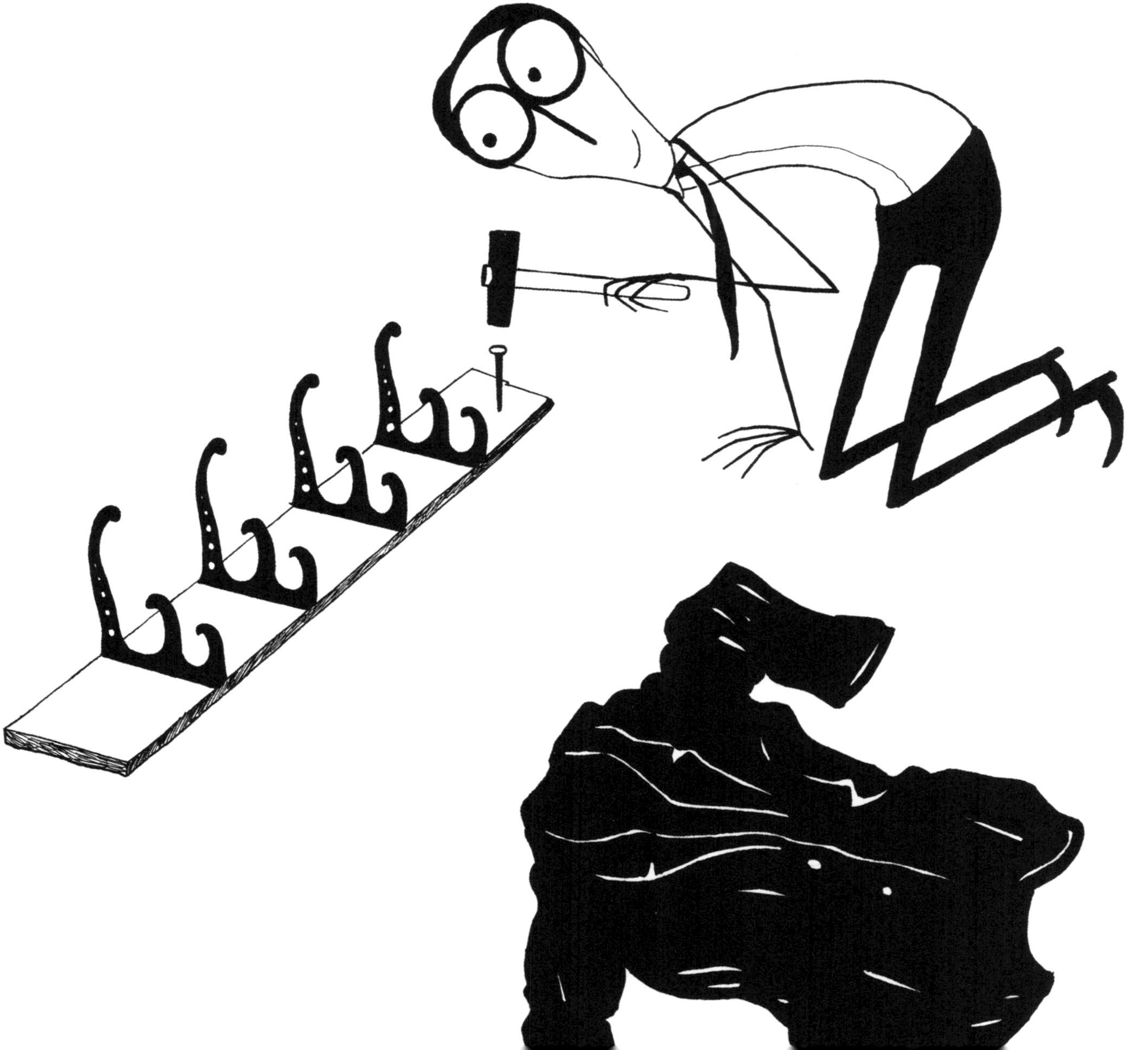

Come quando disegnò baffi e barba alla *Gioconda* di Leonardo Da Vinci!
Ma attenzione... non a quella vera.
Perché il signor Duchamp... non voleva finire in prigione.

Like when he drew a moustache and beard on Leonardo Da Vinci's *Mona Lisa*!
But not on the real one... of course.
Mr Duchamp... didn't want to end up in prison.

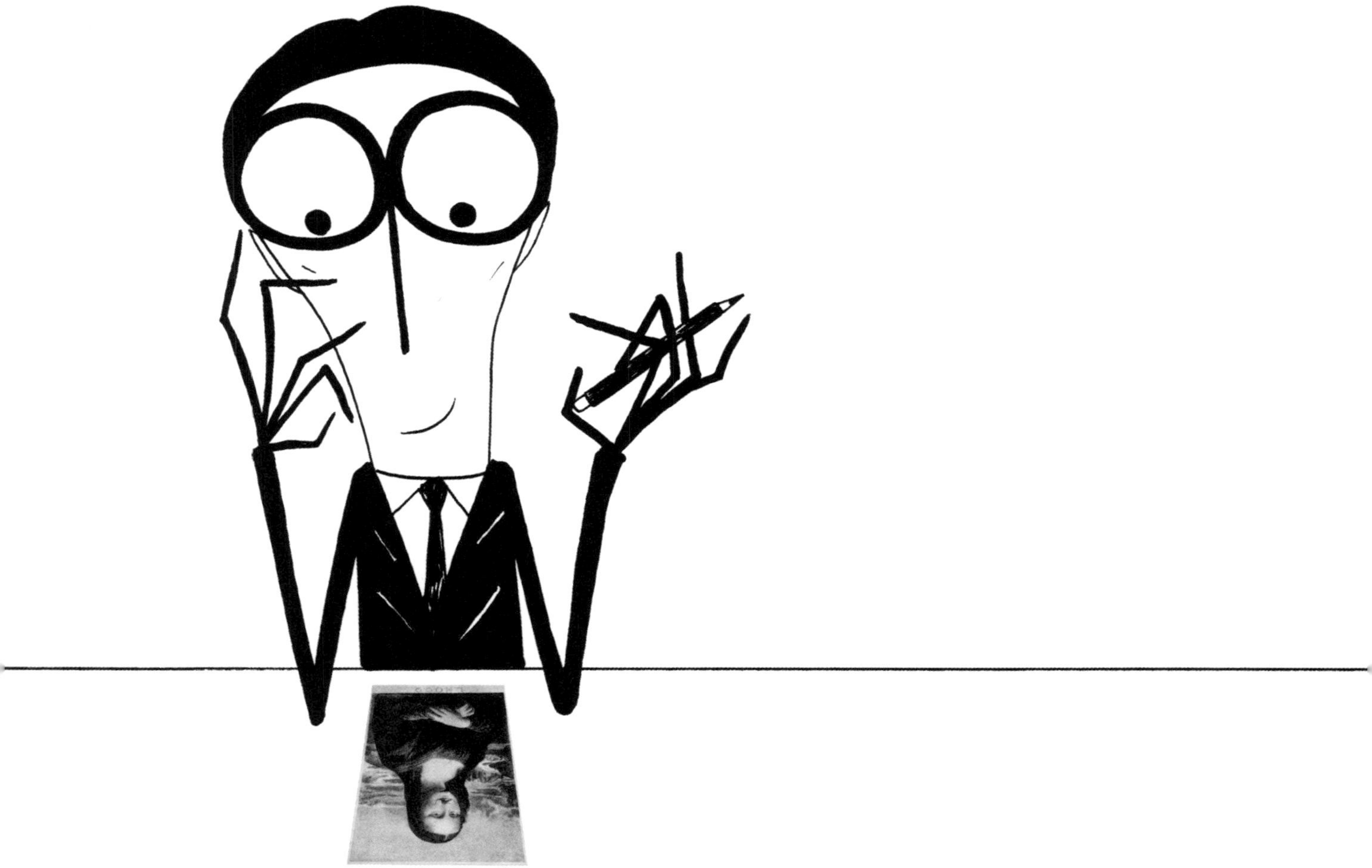

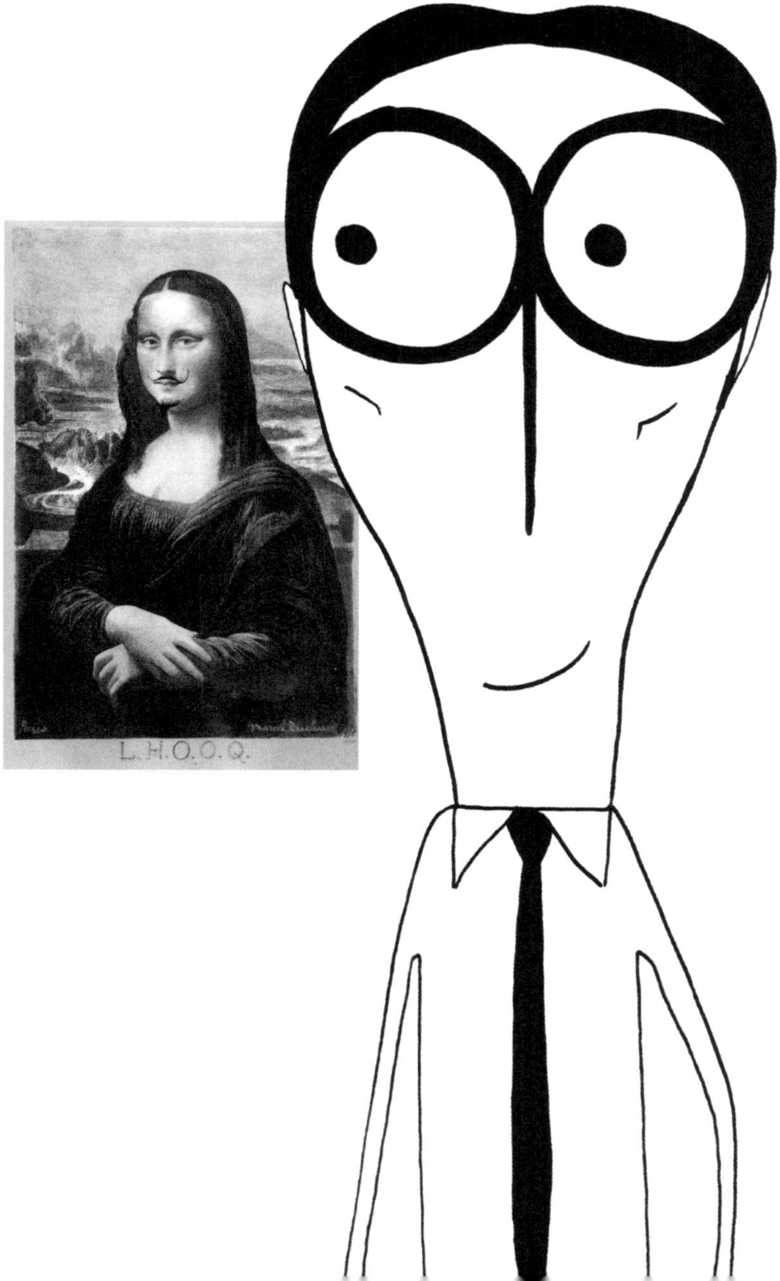
L.H.O.O.Q.

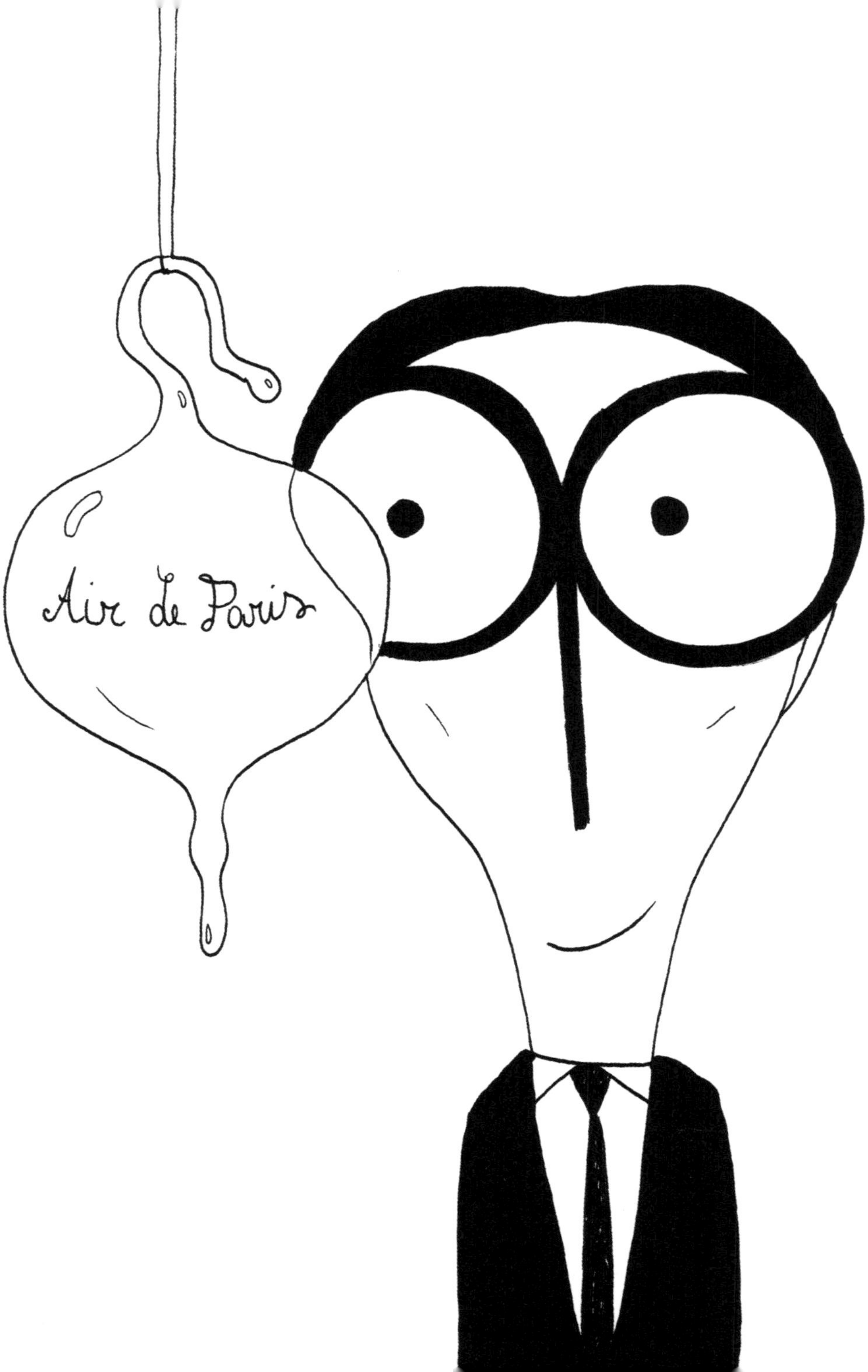
Air de Paris

Come quando mise l'aria di Parigi in un'ampolla di vetro!

Like when he filled a glass ampoule with Parisian air!

Come quando montò una porta che
quando era chiusa era aperta!

Like when he set up a door that
was open when it was closed!

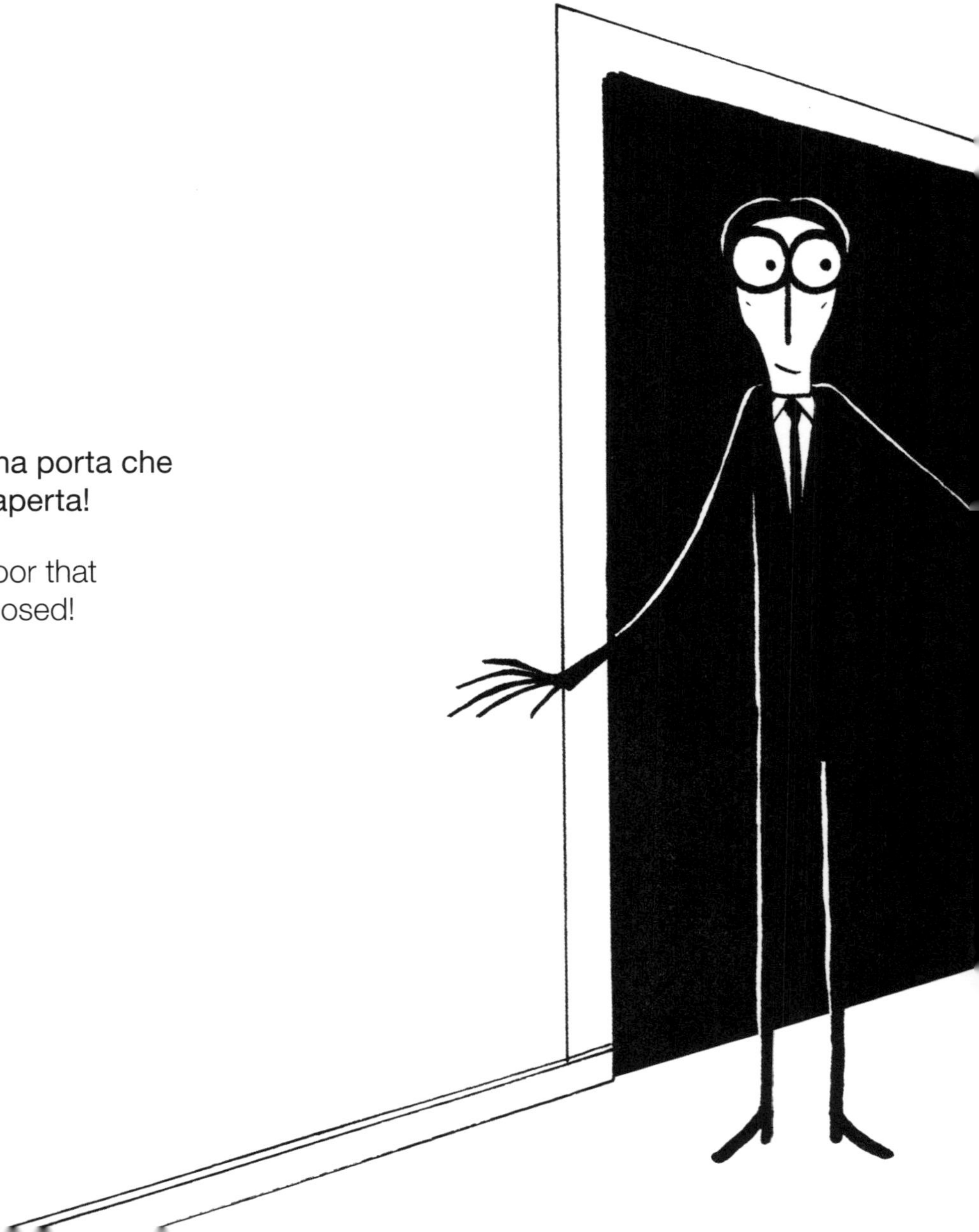

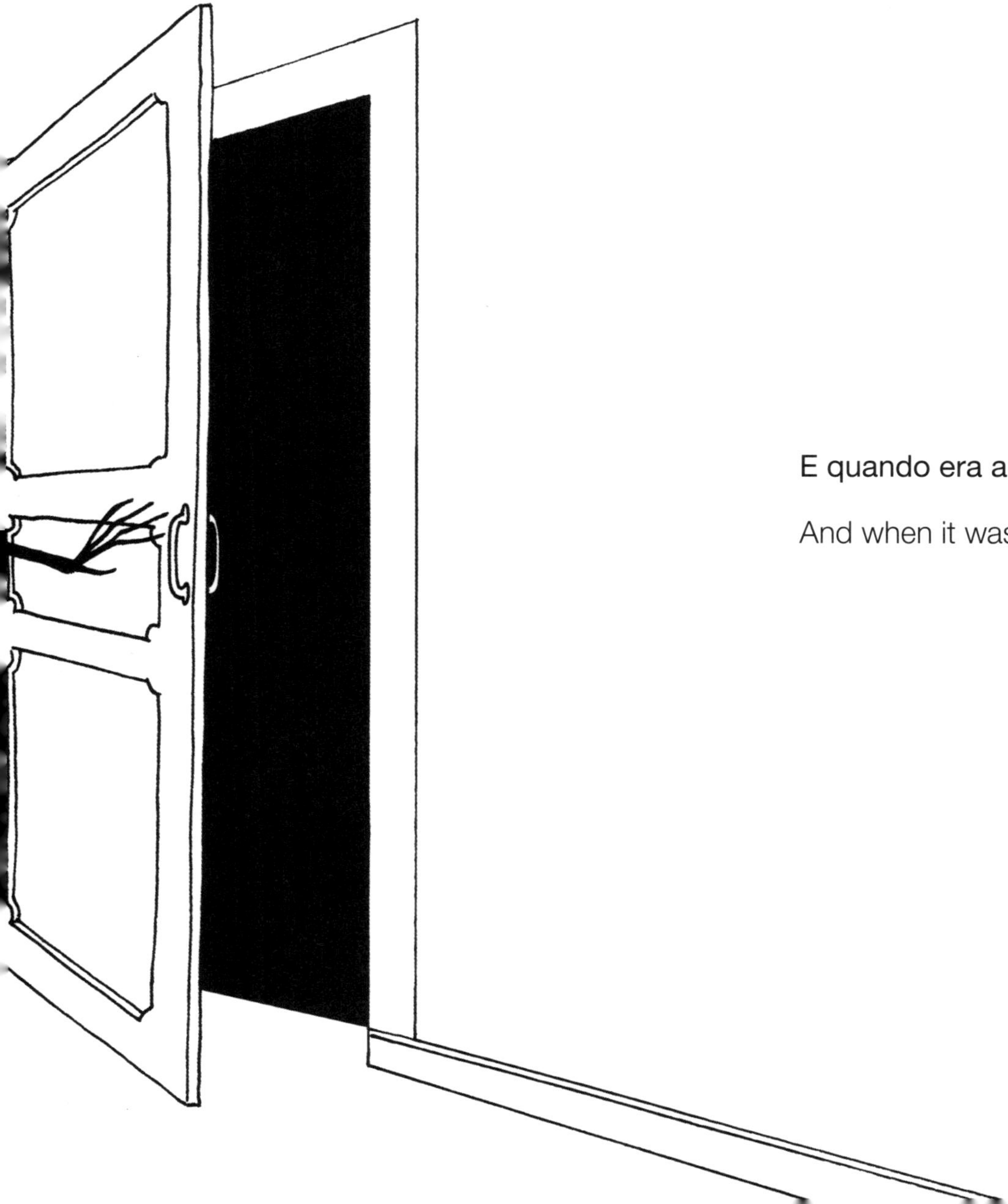

E quando era aperta era chiusa!

And when it was closed it was open!

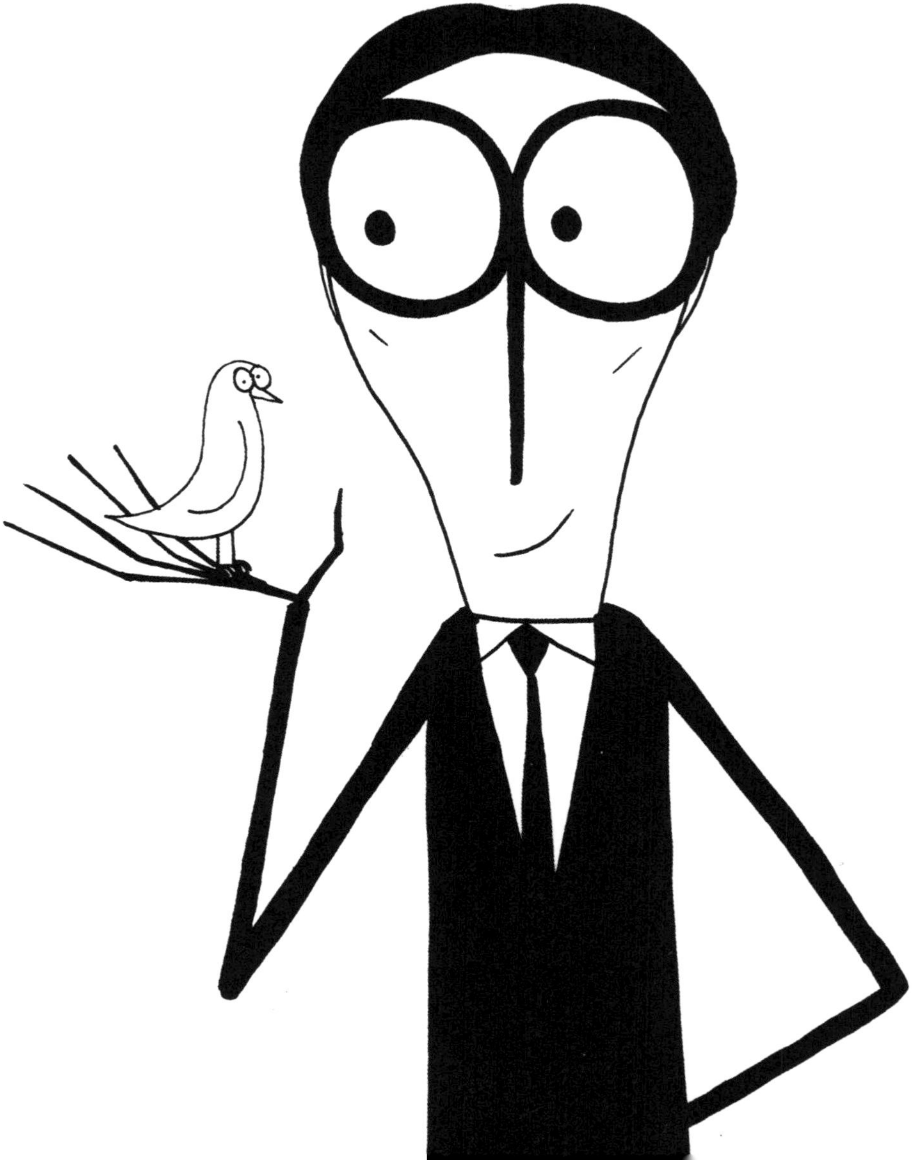

Come quando riempì una gabbietta per uccellini
con cubetti di marmo che sembravano zollette di zucchero,
un osso di seppia e un termometro!

Like when he filled a bird cage
with marble cubes that looked like sugar cubes,
a cuttlefish bone and a thermometer!

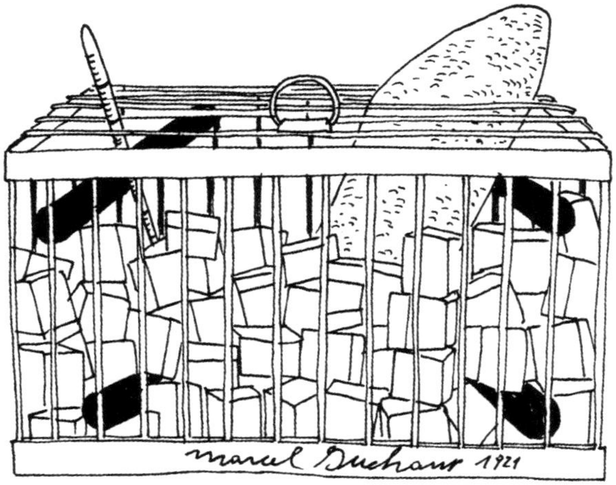

Le opere d'arte del signor Duchamp erano strane e insolite. Vero?
Non erano quadri e non erano sculture! Cos'erano?
In molti se lo chiedevano. Perfino gli esperti d'arte.
Ma nessuno, proprio nessuno sapeva cosa rispondere.

Mr Duchamp's artworks were strange and unusual, weren't they?
They were not paintings nor were they sculptures! So what were they?
Many people have asked themselves that question. Even art experts.
But nobody really knew the answer.

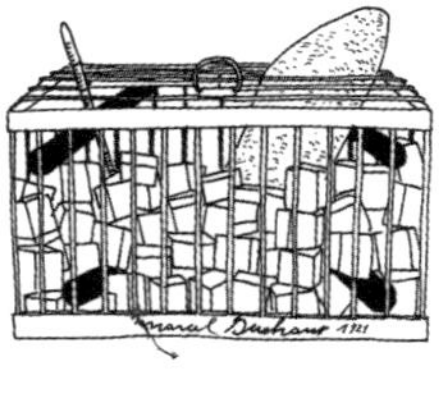

Why Not Sneeze Rose Sélavy?, 1921

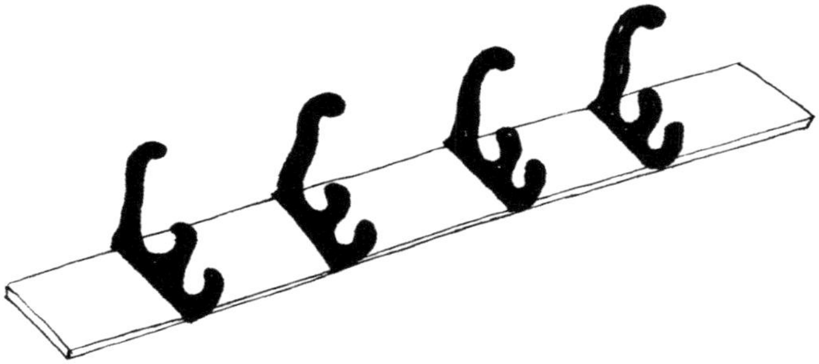

Trébuchet, 1917

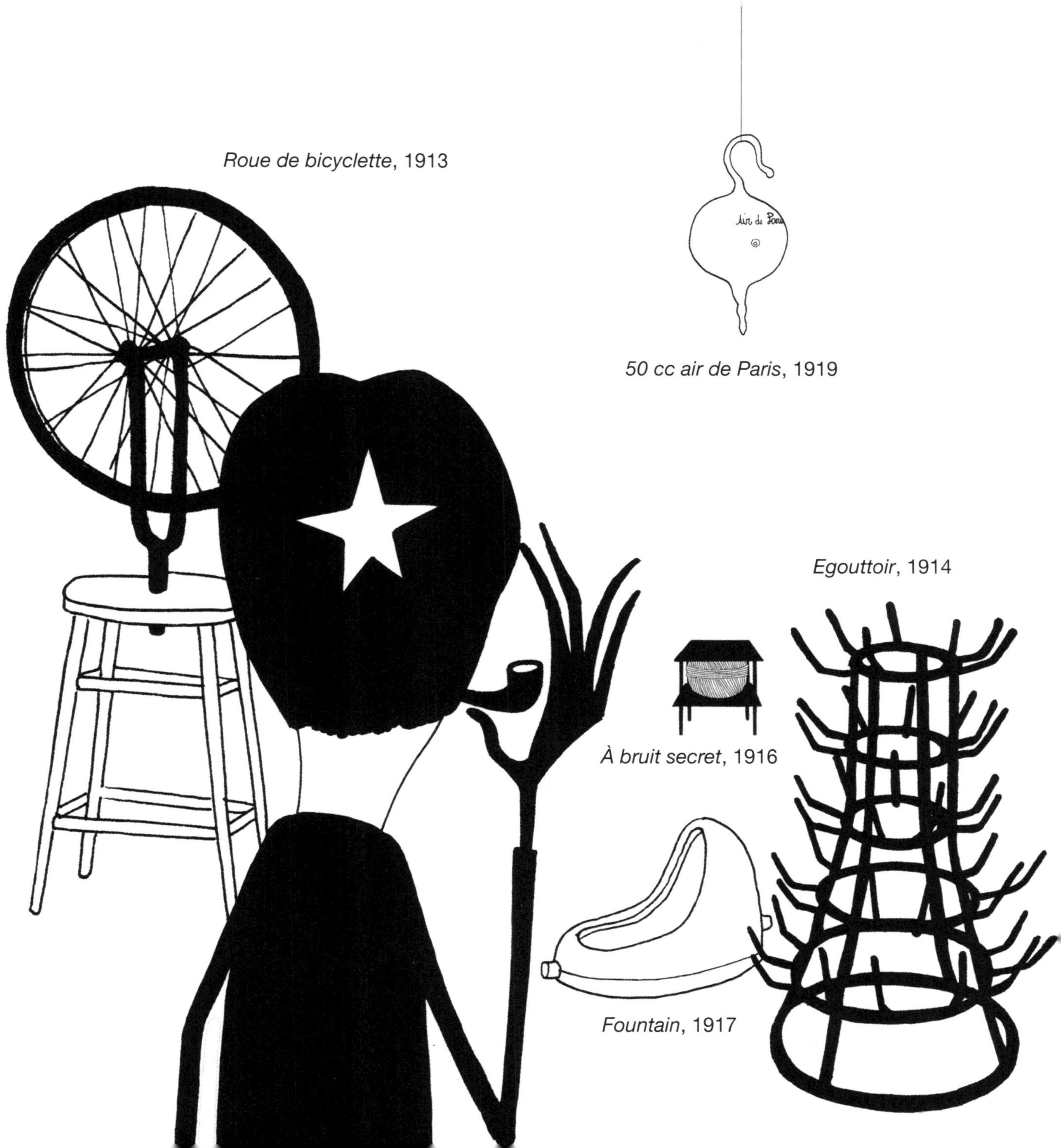
Roue de bicyclette, 1913
50 cc air de Paris, 1919
Egouttoir, 1914
À bruit secret, 1916
Fountain, 1917

Insomma, ci voleva un nome.
Il signor Duchamp allora chiuse gli occhi, sospirò e aspettò. Poi disse:

Well, what he needed was a name.
Mr Duchamp closed his eyes, sighed, waited and then said:

Ready-made!

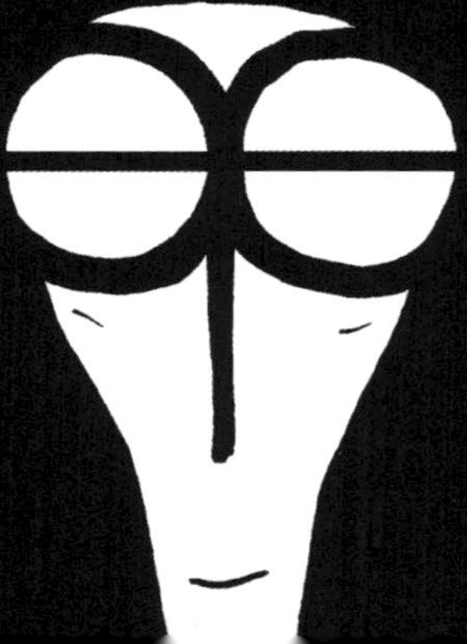

Ready-made: una parola inglese che significa **già fatto**!
Ready-made, il nome perfetto!
Perché se ci pensate bene, le opere del signor Duchamp
erano davvero fatte con oggetti **già fatti** e già pronti.
Come quell'orinatoio o quella ruota di bicicletta...
che il signor Duchamp aveva scelto, firmato, intitolato, esposto e...
così trasformato in un'opera d'arte.
Giocando, giocando con l'arte.

Readymade, a perfect name!
Because if you really think about it, Mr Duchamp's works
were done with objects that had already been made!
Like that urinal or the bicycle wheel...
that Mr Duchamp selected, signed, titled and put on display...
transforming them into works of art.
Playing, playing with art.

I **ready-made** del signor Duchamp
venivano messi nelle gallerie d’arte e nei musei,
in mostra su un bel piedistallo, accanto a sculture e quadri.
Il pubblico li fissava confuso e disorientato ma piano piano
iniziava a guardarli anche in modo nuovo: da un nuovo punto di vista.
Tutti ne parlavano: c’era chi li criticava e chi si scandalizzava;
chi si divertiva e chi si arrabbiava;
chi li apprezzava e chi faceva finta di apprezzarli.
Tuttavia, il signor Duchamp era soddisfatto.

Mr Duchamp’s **readymades**
were placed in art galleries and museums,
on display on a beautiful pedestal, next to sculptures and paintings.
The public stared at them, confused and disorientated, but slowly
they started to look at them in a new way: from a new point of view.
Everyone was talking about them: some people were critical and some were scandalized;
others were amused and some got angry;
there were those who appreciated them and those who just pretended to appreciate them.
Still, Mr Duchamp was satisfied.

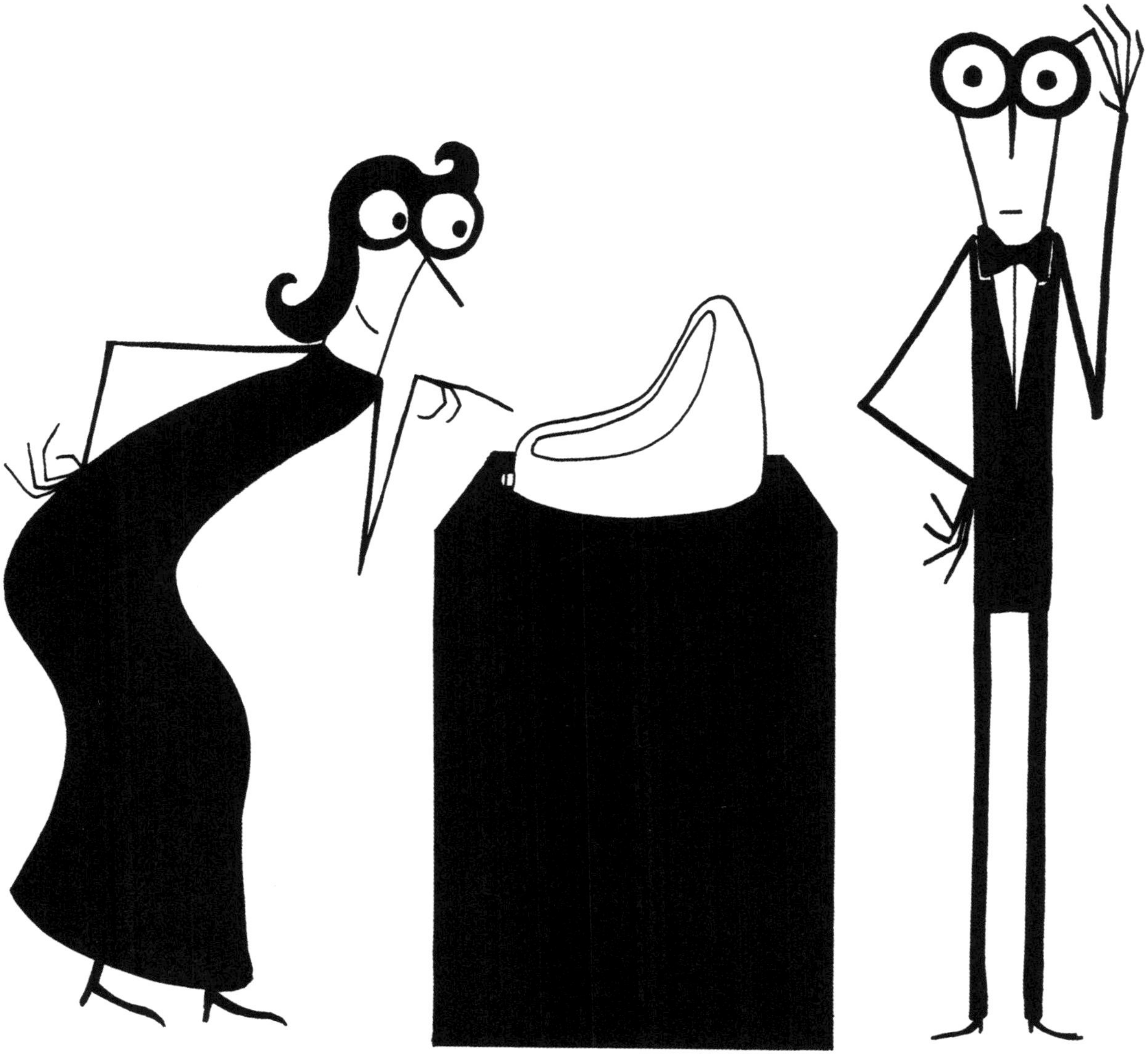

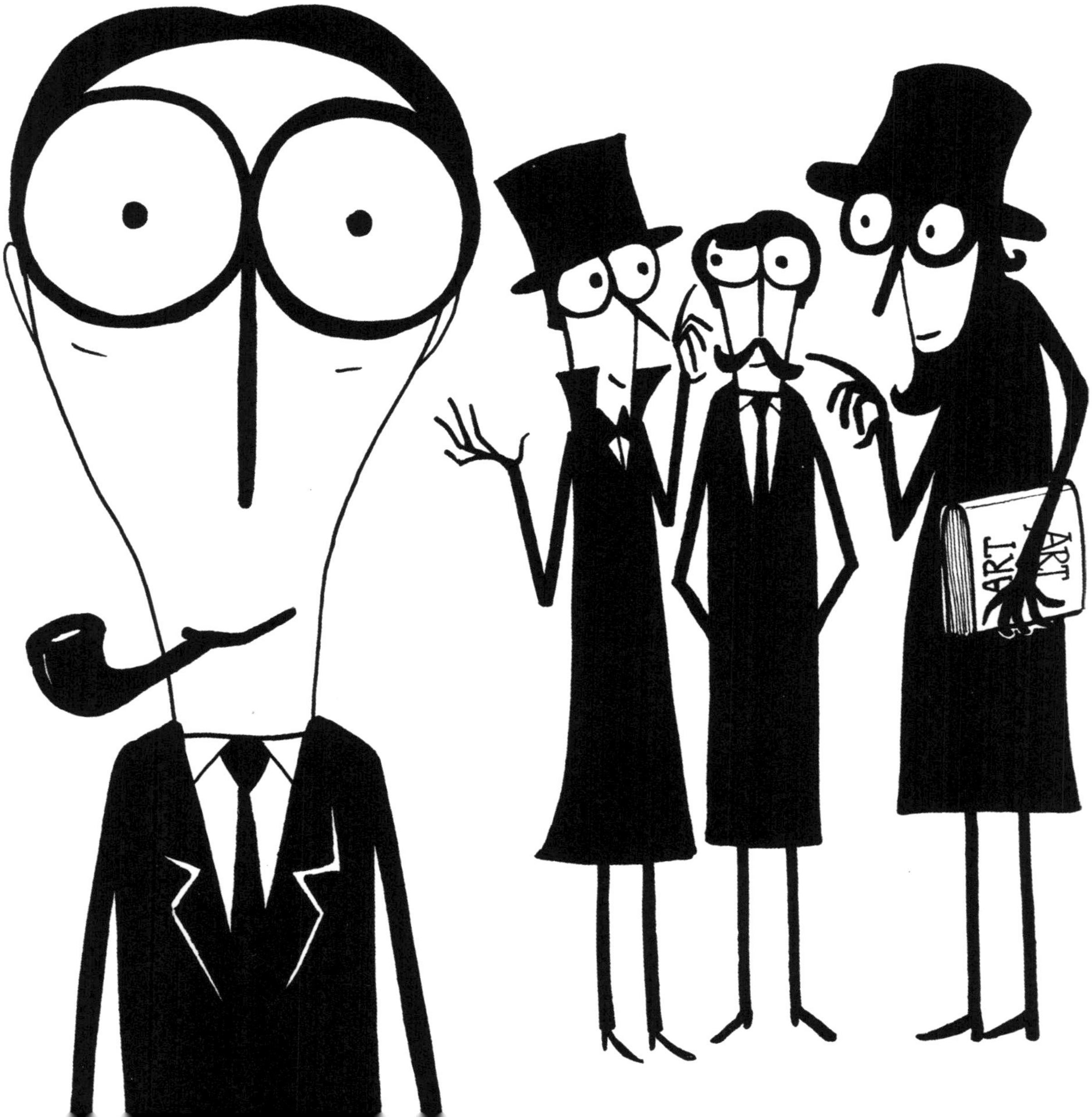
ART
ART

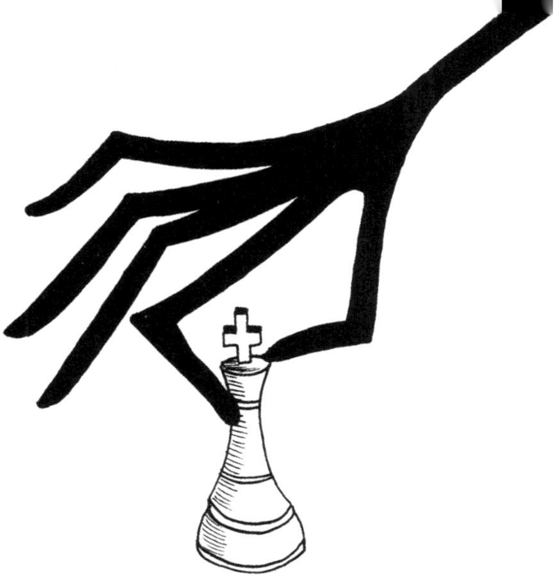

Poi un bel giorno...
decise che era arrivato il momento di fare altro.
Di fare la cosa che gli piaceva più di ogni altra cosa:
giocare a scacchi.

Then, one fine day...
he decided that the moment had come to do something else.
To do the thing he liked doing more than anything else:
play chess.

Perciò mise le sue opere più importanti in una valigia e si diede alla fuga.
Dal mondo dell'arte.

So he put his most important art works in a suitcase and he fled.
Away from the world of art.

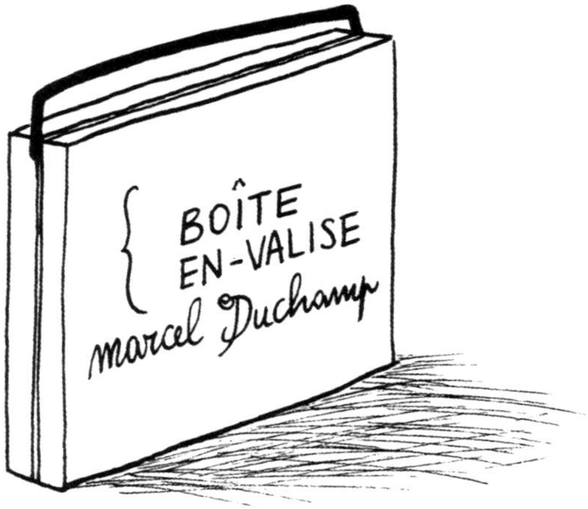

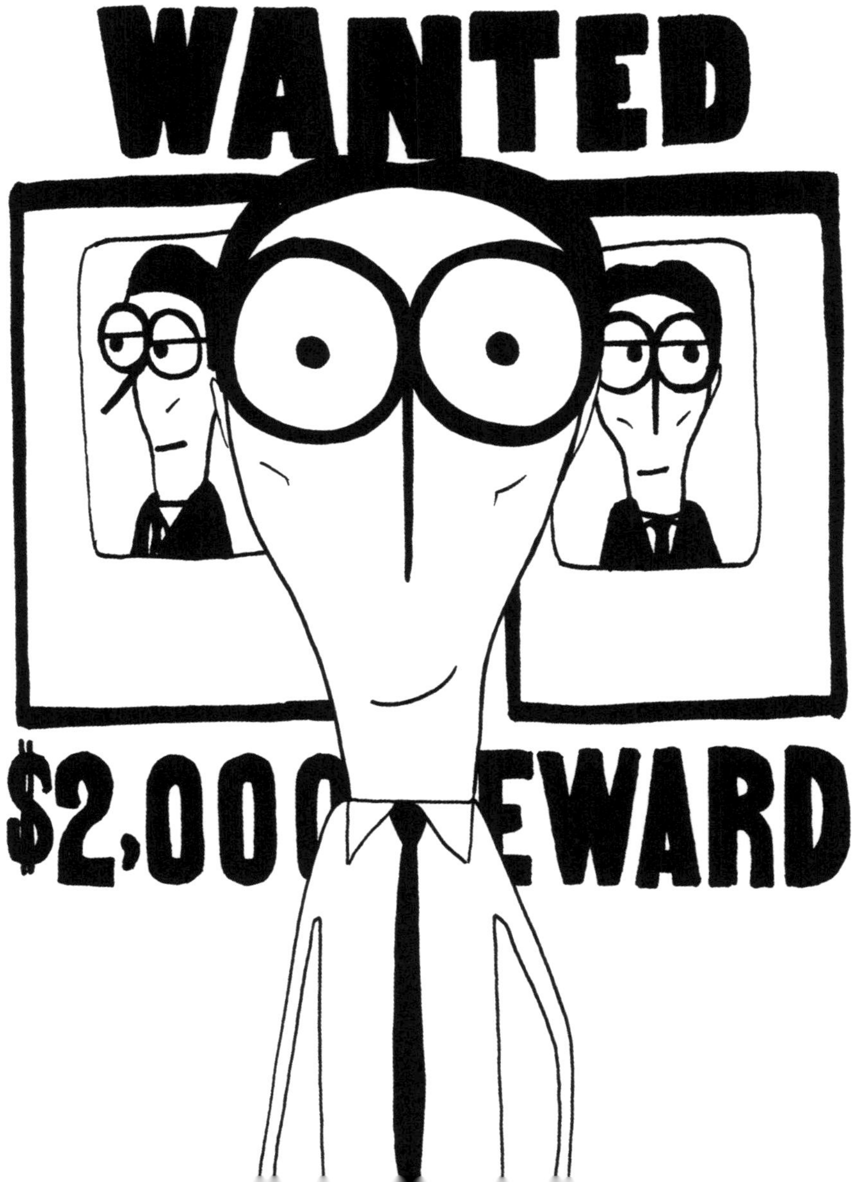
WANTED
$2,000
EWARD

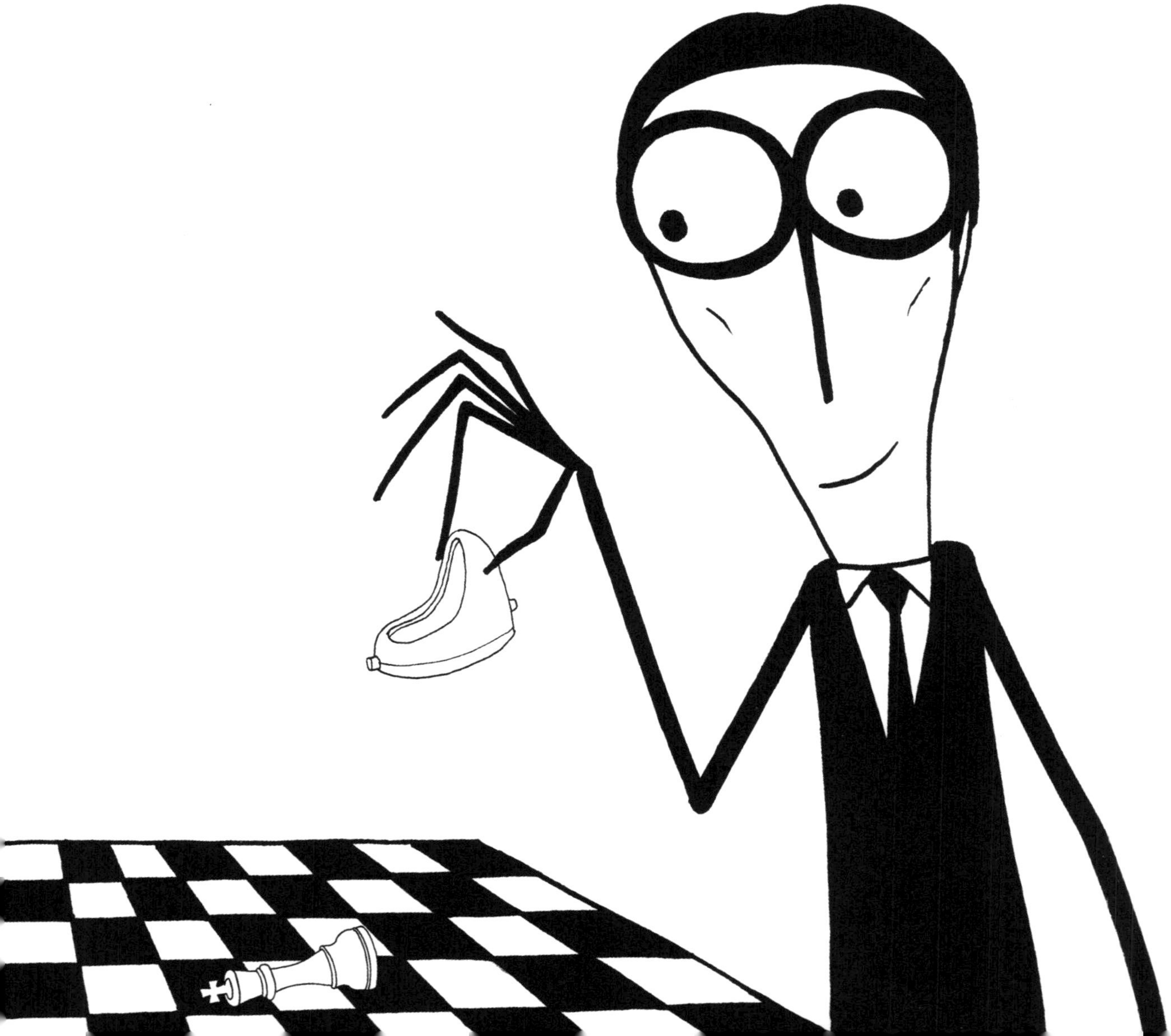

Del resto, la mossa più importante, il signor Duchamp l'aveva già fatta.
Tanto tempo fa.
Quando... con quell'orinatoio aveva cambiato il modo di fare e di guardare l'arte.
Per sempre.

Scacco Matto!

Besides, Mr Duchamp had already made his most important move.
A long time ago.
When... with that urinal, he changed the way that art was made and seen.
Forever.

Checkmate!

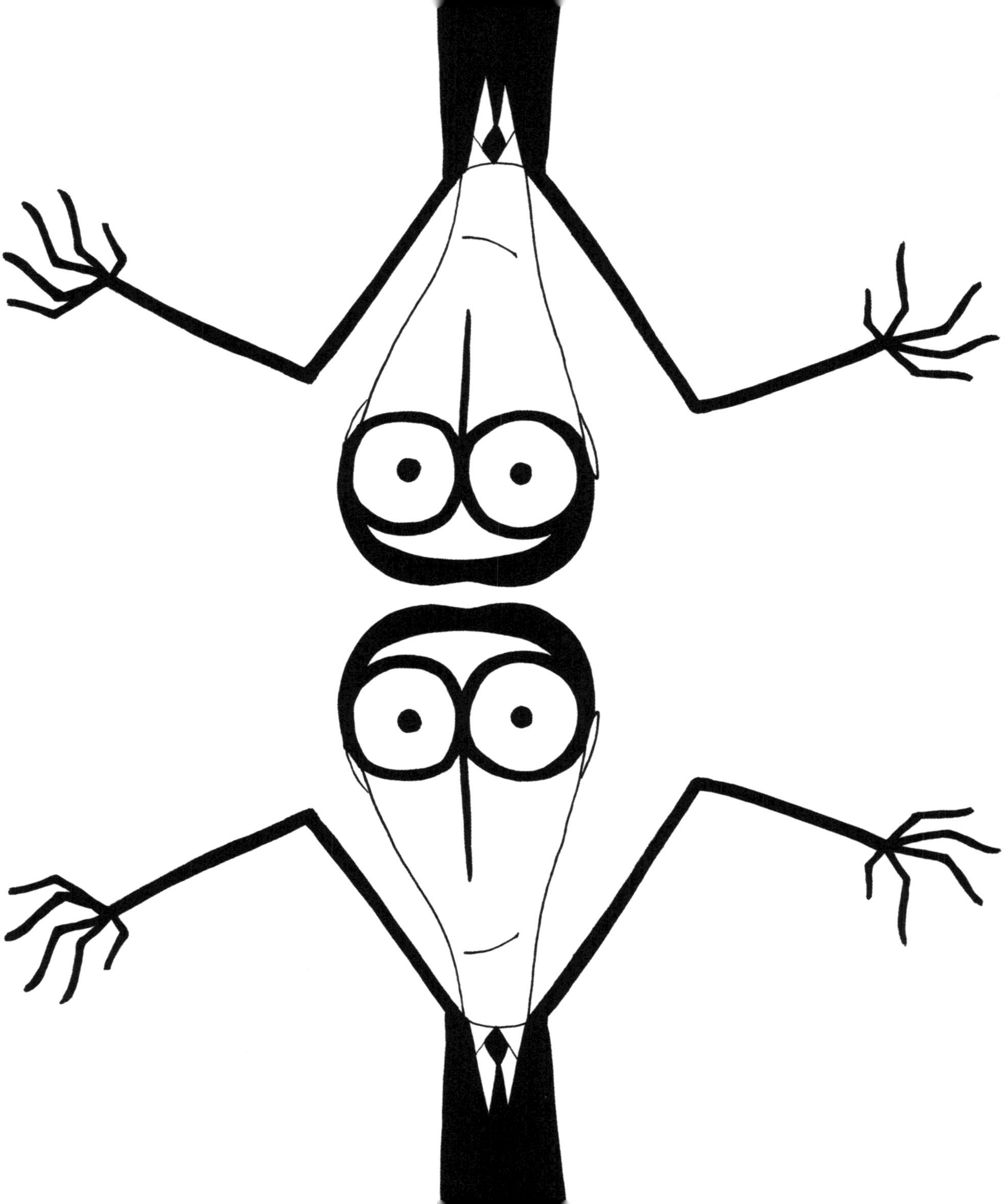

Questo libro è dedicato al signor Marcel Duchamp e a me.

This book is dedicated to Mr Marcel Duchamp and to me.

MARCEL DUCHAMP

Testo e disegni di Fausto Gilberti
Story and pictures by Fausto Gilberti

1ª edizione 1st edition 2016
3ª ristampa 3nd reprint 2023

Traduzione di Translation by
David Kelly

Stampato in Italia da Printed in Italy by
Esperia s.r.l., Lavis (TN)
giugno June 2023

Maurizio Corraini s.r.l.
via Ippolito Nievo, 7/A
46100 Mantova
Tel. 0039 0376 322753
Fax 0039 0376 365566
e-mail: info@corraini.com
www.corraini.com

Grazie a Thanks to
Marzia e and Maurizio Corraini,
staff Corraini Edizioni
Laura, Emma e and Martino

Fine | The end